우리는 행복해야 합니다.

+ 작가의 의도에 따라 띄어쓰기를 따르지 않았습니다.
+ 글이 자연스럽게 읽히도록 표준어를 사용하지 않은 점도 의도된 선택입니다.
+ 제 셀룰러폰으로 직접 촬영한 것이며, 다른 분께 빌린 사진의 경우 출처를 밝혔습니다.

우리는 행복해야 합니다

제주의 사진과 시

강권일

시인의 말

제주에 살기 시작하면서
외로움이라는 세상이 저에겐 전부였습니다.
친해지고 싶지 않았지만 어느샌가 슬그머니 곁에 와 조용히
제 이야기를 들어주는 친구는 낯선 슬픔이었습니다.

제게 제주에서의 삶은 바다 곁에 사는 것입니다.
바닷가에 앉아 2시간이 넘는 메탈리카의 음반(S&M)과 에미넴 등등의
다른 음악을 연이어 들으며 책을 읽습니다.(다른 곡으로는 쇼팽 추천합니다)
어떤 날은 글이 읽어지지 않아
그저 바다만 한참 바라보다 집으로 오는 날도 있습니다.

젊은 날에는 나름의 방법으로 세상 속에서
우리들의 자유와 행복을 위해 최선을 다해서 살았습니다.
현시대도 어려운 일들이 우리 곁에서 일어나고 있고,
바른 길을 가고자 하는 사람들이 낮과 밤을 싸워 이루어 온 결실로
우리 모두가 편안하고 행복한 삶을 살아가고 있습니다.

저의 글(시, 사진) 또한 모두가 행복하기를
간절하게 소망하는 저의 기도이자 응원의 글입니다.

우리의 삶은 누군가를, 그리고 무엇인가를 그리워하며
기다리는 날들의 연속일 것입니다.
그리고 결국은 '사랑'이란 단어가 모두를 아울러야 합니다.

기다림, 그리움, 사랑의
과거와 현재, 그리고 미래를 생각하며 연작시를 썼습니다.
봄빛에 찰랑이는 연두, 연두하는 잎처럼
우리 모두가 푸르게 행복하기를 바래봅니다.

2025년 4월 19일 제주에서

그리움 1

어찌할 수 없을 때
그저 구름아래
그저 하늘아래
그 아래에 있을 때

바람은 이리도 시원한데
서서 그저 보고파서
버티고 있어 볼 뿐. 내가 할 수 있는 것은 없어.

말을
몸을
움직이고 싶은데

보고 싶어 할 뿐
냉정할 수도 뜨거울 수 없음에
그래서 더

보고 싶네.

말도 못하는 우리네들.

그리운 바다

죽어서거든 바다를 다시 보자.
어디든 볼 수 있는 바다
누구나 바다만의 세상이라 하고
경외하는 바다

그 파아란 아픔

지금은
바다가 차지하는 삶 일 뿐

거저 얻은 바다...
바다만 보이는 세상
눈만 떠도 보이는 바다

지금은
이렇게 살다가 가자
불꽃이 될 수 있을 때. 그 때
노을에 환하게 지고 있을 때
그렇게 타고 없어지는
바다를 지켜보며

오늘은
바다를 보고
바다만 보고
바다만이 주인인양 할 때
그러려니 하며 살자

세상은 온통
태양이 뜨는 바다가 채우고 있다고
그리 믿고
살고 있다가
빨간 바다가 없어질 때
그 때는
우리만의 세상하며
파아란 바다를 마시자.

추신 ; 이생진 님의 시에서 영감을 받았슴을 밝혀 둡니다.

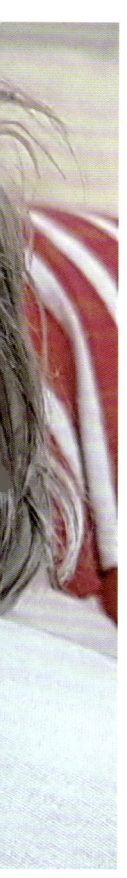

그리움 3

조금만참아
갑갑한세상에서
조그만세상에가둬두어서
미안해

금방일거야
너가네발로뛰는그런세상이아니라
어디든갈수있는
그런날이올거야
마니볼수있었고
마니사랑할수있어서
고마워

널 보내고나면 난
더 널 그리워하고 그리움으로
행복할거야
항상 우리만 바라보고 살아줘서
끝도 없이 기뻐
언제나 내 사랑
내 아가 내 스위티
마이 하니

사랑만주고간 널기억할게

어두움 3

찾아다니며
떠들고 화를 내고
또는 싸워도 된다
그것은 흉이 되지 않는다.

밝아지면 다시 보이것 들이지만
지금은 부끄러워할 것은 없다
또 살면 밤이 오기에 무서울 것은 없다.

기다림 1

잘못보았다.

구름인줄
하지만 나는 갇혀 있어서 몰랐을 뿐

구름이건 안개이건 빗방울인들
내가 알 수 있는 것은 없다.

다만 그 속에 있는 것을
그것에 속해 있는 것을 눈치채고
인정하고 조용해질 뿐

거저 주어진 시간
하지만
내가 알 수 있는 것은 무엇일까
다만 그 안에 있을 뿐

헤어 나오는 것은
시간이 가기만
기다릴 수 밖에

어두움 2

밤인가보다
익숙하게 느껴지는 냄새들
보이지 않은 땅과 바다. 그리고 하늘

앞을 보고 걸을 일이 없다.

보이지 않음으로
하늘 아래 이어져 있는
땅과 바다를
걷는다.

어두움 1

밤의 냄새가 난다
알거다...어둠과 함께온...
보이지 않아서 좋은 밤
이 밤은 누구도 탓하지
않는다.

보이지 않아서
아무런 곳이나 찾아다니는 밤.

나비 2

오르는 길이 힘들었나 보네
가여운 몸에
그 큰 날개가 무거워

높이오르기엔
갈길이멀어

그리
등뒤에올라
가고파 했나보다

오르고나면
하늘만 보이는
그런곳이면
어디든가고 시퍼
잠깐, 기대어 있다
노오픈 자리에 가면
멀리 나르려 했나보다

잠깐
곁에 있나 갔나 보다.
내 사랑

짝사랑

그 것은 나의 감옥

둘 곳이 없어
한 켠에 가두었나 보다

바라만보다
항상
그 자리에 두었나 보네

짝사랑 2

아무리 짠눈물을부어도
바다는
싱거워지지않아

밤에낮에 울고 또 울어대도
바다는 그대로일걸

쏟다붓고 또
그바다에 쏟다부어도
너만아파

그냥넌 슬퍼서
바다만 보면서
바다만이 세상이라 여기며
그 곁에만
짠바다곁에 사렴.

약

슬픔이란것을알게된거같다.
슬픔과늘함께였기에
슬픔은정의하지않아도이젠안다.
슬픔은늘찾아온다.
알고있다는데
슬픔이또또또찾아와또날울린다.
울고울고또울고울고하면서알아온
슬픔은찾아와알아달란다.
그러나많은눈물로알게된
슬픔이기에
점점작아지는것을알기에언젠가는
슬픔은없어질것이다.
그리해서슬픔을잘알고죽는것이다.

기다림 2

항상
그러하지만
무엇인지 모르고
그리만 움직였어

바라보고 있는 것은
늘 그 자리
넌 어쩌면 그리도 한결같은지

내가 볼수 있는 것이
내몸과 맘이 굳어져
돌아 볼려해도
더 이상은 움질일 수 없어서 일뿐

그리하여
우리네는 앞만보고 살아가야대는
들짐승처럼
모질게사는가보다

긴 이야기를 하는 모든

생명들처럼...

글   오랜 그리움에 대해서

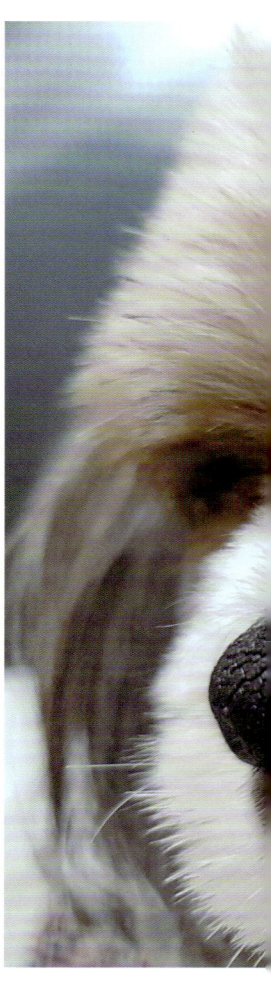

오늘이 슬픈건
그대만 모르고 있어
그대는 그 자리에 있었고
난 여기에만 머물고 있는데
난 그저 살아 가고 있고
그대는 그리 살고. 행복하길

난
나는
그리 그대만 그리워하며
잊지도 잊을수도 없어
그리
살고 있을 뿐

그저
그리움뿐

호수 시집 '그리운 바다 성산포'를 읽고

하늘보다
바다보다
파란 호수에 가고 싶다
하늘은 갈 수 없지만
호수는 늘 곁에 있다.

하늘보다 파랗고
하늘보다 깊은 물

하늘은 걸어서 가지만
호수는 걸어서는 가지는 못한다.

죽어서는 가는 길
살아 있을 때는
호수에 가서 발만 담근다
푸른 하늘보다…
푸른 바다보다…
더 푸른 호숫가에 사람들이 다정하다.

하늘은 하늘이라 가지 못하고
바다는 바다라서 가지 못하게 하고
산은 산이라 못오게 하지만
호수는 늘 그렇게
우리곁에 있다.

그리움 2

오직 한 곳만 보고 사랑했던 너
보고 싶은 곳만 보고 사랑만 주었던 너

그런 널 보고만 있던 우리
항상 널 안아 볼려 했던 우리
그리그리 서로를 알고
그리그리 사랑했던 우리

너가 먼저 떠나고 나면 우린
널 사랑했던 기억과
너가 보았던 것들만 알고 살께
한결같았던 널 기억하며
행복해 할게

같은 곳만 보고 갔었던 우리들

많이 사랑하고
우리들만이 알고 있던 사랑을 알고
살다가 갈게

소녀

그 녀는 사랑입니다.

무서운...

오직 앞으로만 나아가는 사랑!

그리움 4

두고두고가거든
날두고 먼저가려거든

그리워서 기억하고싶어서
마음속에도 가두지는말고
바닷가하늘바람속에 흩날리는
그곳에서 꼭그곳에만 보내줘

어디에든 두고가면
어디에 있거든
늘함께인 나일수있으니
나 죽거든
손톱하나도 땅속에는
가둬두지는마
바람으로 흘러서 아무도
찾지못하고 아무곳에나
볼수있는곳에
바닷가바람에 보내주렴

꼭

깊은 칼날 (홍범도 님만을 위한 글)

날이 되고 싶다.

검의 날
검이 가지는 힘있는 날

베고 또 베고
베고 싶지도 않아도
계속되는 싸움

검과 도가 가지고 있는
그런 날로 되고 싶다.
검과 도과 같이 가지고 있는 칼날!

그렇게 살아서 살아 가다
날이 되어 그리 살다가
날이 되어야 할 때는
날이 되어 날로 깊이 꽂히는
그런 날카로운 칼날로!!!

그리 살아가는 칼의 날이 되길
그런 내가 되길
원한다.

날개

날아가는거야

너의숨과함께

너의몸의물도

너의가죽들이

그리날아가야

그리하며살면

너는죽지않고

죽지도못하며

그리숨만쉬며

말라줄지않고

거적대기라도

버티고사는거

그리살아가다

죽어가는거야

바보인 나

난 바보가 대어야 하나바
기억을 지워내기가 심드러
항상 예전으로 도라가버리는
그런 한계에 다앗나바
도라가도 돌아서서가려해도
처음으로 와버리고마는 그런나
사라잇는것이 모두인것인 나
거저사는 삶으로 그리오늘도
고맙게살아온 바보인

나

사막

사막에 가보려 해
설마 그 땅에 물이 없는 곳이 있을까... 해서
아픈 햇살이 땅을 비추고
아무 것도 살 수 없게 말린다 해도
깊은 곳까지 헤집어서 말릴 수 있을까... 해서

누군가는 간절한 맘에 울기라도 하면
가느다란 물줄기는 될 수 없어도
까만 땅 속은 촉촉해지지 않을까... 해서

하루도 해를 거스릴 수 없는 우리
그러나 간절한 사람들이 모여
매일같이 눈물을 쏟아 내면
하늘은 알아줄까... 싶어서

어찌해서 같은 하늘아래 살아가야 하는 사람들.
온갖 땀을 버려지게 하면서도
살고자 하는 간절한 마음으로
눈물을 한 곳으로 모아 흘리면
흉터같은 골을 만들어
가는 물줄기라도 만들어지길 바라며
그리 살아 가고 있는지 모르는 것이잖아
어찌 살아야 하나... 나.
하루도 안보면 살 수 없는 하늘안에서
무서운 해를 피해
그림자안에서만 숨어야 버텨야 하는 거야
강물은 아니여도
물이 있어야 하는 우리
아님.
너와
내가
따가운 햇살안에 거저
뜨거운 사랑안에서 살기만 하는거야.

울며

고통

바람에 치여서
바위에 다쳐
살이 패이고 흰 뼈를 보고선
아픔이라는 것은
고통이라는 것이 이만큼이구나.알았어
잠깐이라도 움직일 수 없는 통증
겨우내 참고 살아야겠다는 생각
그리 얕은바다를 빠져나오고선
피가 멈출때쯤 살이터져서 찬바다에
몸을 숨길때 온고통은 사라지고
얕은공기와 맑은하늘을 볼수있었지
우리라는것은 없고
오직 나만의공간…
그저 살아있음에 감사하며
또 큰파도밀려 작은바위에 다가서는
작은 행복

기다림 4

바다가 보이는 바위에 있습니다.
앉아 있으면 뜨겁고
서 있으면 약간 춥기도 했지만
더위보다는 나은
큰 돌바위 아래에
나름 좋은 자리를 잡고 있습니다.
동풍인가 봅니다.

북서풍이 불어 오면 춥기만 한 큰 섬에
이제는 동에서 바람이 불어 오고
비가 한참 내리고 나면
남에서 바람이 불겠지요

그 바람은
다른 섬들을 지나서 좀 식어버리겠지만
조금은 뜨거운 바람이 올겁니다.

모두가 찬바람에 이겨내어
후끈달아오른 햇살에
지겹도록 따갑고도 습한 바람을
준비합니다.

그럼 우린 지치지도 않을
여름 밤을 샐수 있는
시원한 사계바람에 앉아 있을 겁니다.

그바다에
그바람을 보면서

그리움 5

손톱을 대도
이길 수 없는 힘

두고두고 힘내도
갈라지는 않는 아픔

힘을 내고
돌아서도 이길 수 없는 아픔

내내
두고선 이겨내려는 힘

그리움

싸이언(Cyan)

청색
갑자기 청

중국이라서 청
바다로 이어져 있는
제주 바다가 청
바다 바람 맞으며 돋아나는
파아란 새싹도 청
새 이파리의
돋아 나는 소리를 듣는 것도 청
더 크게 놔두기를
부탁하는 것도 청
그리 모든 것을 보며
사랑하는 것도 가슴이 시려서 청

이런 생각으로 잠못드는
밤하늘도 청

이(離)

잡고 놓아 주는 않는 힘
잡혔다하면.

손은 자유가 되고
이는 깍물고
놓아 줄 수 없는 본능

잡고
가두고
온 힘을 악다구니 쓰며
올가미를 채워서
놓아 줄 수 없는
갸륵한 욕심.
막고자하는 내마지막아픔

기다림 5

손톱을 대도
이길 수 없는 힘

두고두고 힘내도
갈라지는 않는 아픔

힘을 내고
돌아서도 이길 수 없는 아픔

사랑 5

사랑해줄수있을때
마음껏사랑하자
가지고있는
마음에만두지말고
모든것은쏟아내고말해주자
내가줄수있는것이 얼마나된다고 아끼나
짜내고만들어서주고
쪼금이라도 아끼지말고
내 온힘을 다해서 사랑하고
온마음을 주고살자

짐

무거운 것은
어깨가 아니고
마음에만 있는 것

애써 끈을 매달고
힘들게 걸어 가지 않는
가벼운 마음

메고만 있어도
아퍼하고
힘들고
지치고
버려 지려 하는 약한 몸

하늘마저
무거워서 늘어지는 어깨

그래도 살아가는 힘.

선

가는 그림자
건널 수 없는 땅
깨어짐
멀어져 가는 소리

이어질 수 없는 바다
하늘
그 속에 숨어 있는
가느다란 숨

갈라지는 소리
들을 수는 없어도
없어지지도 않은 빙하기
침범하는 바다

보고만 있어도
혈관이 터지는 아픔

다가서려는 긴 기다림

그래도 하나 되길 바라는 마음

그리움 6

고통이라는 것은
이겨낼 수 있는 아픔이 아닌
아파도 참고
속살이 뜯겨나가도 신음소리만 내고
살려주기만 해달라는 간절함

보다 더 한 그리움

어찌살까해도
무서워서
무서움이란 생각할 수 없는 고통임에
나를 내려놓을 수도 없는 가여움

그리 사는 동안
두고두고
멀리서만 바라보는 아득함

지나 가기만 바라는 날들.

권리

아무
그 누구도
아름답게 죽을 순 없다.

죽을 수도 없는
우리들의 무능력.

살아가기

살기
거저 얻은 삶

살기
누군가는 죽이려는 약속

삶
나만이 살아가기 위해
필요한 것들을 챙기는 것
나를 지키는 희망

죽음
내일도
그 다음날에도 또... 그 다음날에도
이어지길 바라지만
미련하게도
가지못하는 길

어쩔수 없이 살기에
어쩜
간절하게 오래 살기를 바라는
가련한 생

논쟁

논!과 밭을
조금이라도
더 뺏기위한 투쟁!

벽

위도
아래도
우린 서로가
인정하기 싫어서
계속되는 싸움일까

싸우다보면 서로 상처나고
아프고 힘들고 지쳐서
(언젠가는)
하나될수있을까...해서

곁에 살게 돼면
잠깐이라도
그리 살아가다보면
그리 부디끼면 우리가
하나가 되어 있을까

싸우는 것이 힘들어서
천천히 아주 천천히
오래 오래 싸우며
아마 어쩔 수 없어서
그리 그리
오래 살아가고 있을걸.

그리움 7

너를 안고 있을 때의 따스함
그 뒤에 따라오는 가벼움
시간이 지나면 사라지는 내 사랑
무게를 느낄 수 없는 그리움의 연속
내내 주기만 했던 내 이쁜 사랑
널 보내고 잊지 못해 지난 밤들
너의 이쁜 이마에 입술을 대고

따스하고 사랑스러운
기억을 간직하며 살아가는 나.

기다림 6

흘러가는것을
잡으려해봤지만
막을수는없어.

잠깐
멈추려고 해보지만
나만 그자리에있고
모든것은 가는길을갈뿐

내아픔만 이자리에 멈추길
간절하게 원해보건만

기다림 7

항상
그러하지만
무엇인지 모르고
그리만 움직였어

바라보고있는것은
늘 그자리
넌 어쩌면 그리도 한결가터

내가 볼수잇는것이
내몸과맘이 굳어져
돌아볼려해도
더이상은 움질일수 없어서일뿐

그리하여
우리네는 앞만보고 살아가야대는
들짐승처럼
모질게사는가보다

긴 이야기를 하는 모든
생명들처럼

연인

안대는것걸을
너도알고잇자나
보고파도
말안해도

조금
더 더 보고시퍼도
말할수는 업는거

우린
마음 그 기픈 곳에
두고사라야하는거자나

아푸게
서로에게 상처를주는 그런것은 아닌데

널 이리 두고는 살순업써
다들부디껴 상처나서 아리고
아려 아픈 세상.

나는
너만알고

그리
내가 더 마니

또 그리고 더 마니
내가 더 조아하고 살면 대자나.

집에서

비가내렸다.
출근하는길에
안개비를 보며
그저 비가오려나보다했다.
왼종일비가
가늘다가 쌔어지지다가
그리내리다
해는 잠깐
한번을보여주더니 사라지고

집에오는길
비가내리나싶더니
바다에서횐안개가 밀려온다.
집에 들어오니 안개가먼저
안을차지하고선
나가려하지않는다.
그리횐구름이 오는것을
안개인가 해무인가하며
그냥 창밖만본다.

내내 그리두었다.

짝사랑

한발짝

두발짝

더 이상은 멀어지지 않으려

따라가는 것

비가내려서좋았습니다.

물이버거워서
떨어지는이파리는
추위가싫어서일까
빨간색으로 떨어져
물위에 앉고선
그길에 눕고만다.

흐르지않아서
갈곳없는빗물도
그자리를차지하고선
놓아주질않는다.

헤어지지 못하는밤
눈시울이차갑다
비가그치면
겨울과함께
그리움이 올거나보다.

사랑한다면 그, 또한

앞만 보고 가자

그
눈동자만 보자

또
흔들리지는 말자

한없이
원없이 주자.

그리움 8

단단해지는것은
마음뿐일까싶네

제주섬 화강암바위도
시간이지나고 또지나면
그잠깐의바람에 깍여가는거

바람
짠물을품은
파도에
속살보다
바람에먼저깍인
겉살이사라지는거

허지만내마음은
바람이
짠내만나는파도를
내리쳐도
그소리에그바람에
가슴이미어터져
껑껑우러

그리 울지안코시퍼서

파도가
더당당해져서
나와는 다른하늘을만나기를 바래

그리 또
파도는 하얀물결로흐터져
하늘
그 하늘에서만 만나기를...

플라터너스

뜨거운여름
나무에 손을 데었다
해는숨어서 우릴 지켜보고있고
따갑고습한 바람이불어
숨으려
어딘가를 찾았다

서늘한곳을 차지한 그대를
더위를피해 안았는데
그만 가슴이 그을러져버렸다

손이차고 가슴이시리고
그만안고 말았던것이지
다 잊고 있었던을
몸뚱이만 알지못한것이다

뜨거운가슴은
기억하고있었는데
무딘손바닥이 손을언고선
같이 가슴도 뜨거워져
그리 꼭꼭 보듬고
살아가면 좋지않을까
다시사랑이란말을
할수있을까해서

바람

바다가 뒤집히는 날에

큰 새들이 날았다.

작은 새들은 울었다.

바닷속에만 살 수 있는 물고기들이

튀어 오르고

날개가 큰 새들만 사냥을 한다.

작은 새들은 날 힘이 없어

숨어서 본다.

그런 날에는
바닷가 사람들도 숨는다.

2024년 12월 7일 17시 50분

울면안대는데
갑자기슬퍼지기싫은데
하늘만봐도 바다만봐도
왜눈물만 나는건데
내가울고싶어서 그런것은아닌데

왜울고만있는지
더슬픈일도없고
아플일도없는데

세상은왜이리 슬프게아름다워

눈물만흘리게하는지

바람 2

빠진가햇어
문득많이놀라서
떠있으면 가라앉는세상
누우면살수있는바다
바람만이 무서운세상
바람만이 주인인세상

파도는 거저
바람의 소리를 듣는 거...

그 아픔.

하늘

나 죽거든
손톱하나도 땅속에는
가두지는마
바람으로 흘러서
아무도 찾지 못하고

보고싶을 때는
아무곳에나
볼수있는곳에
날려주렴.

집에서 2

또 비가 옵니다.
어제도 그제도 회색 구름은
우리의 머리 위에 있었습니다.
언제나 하늘만 바라 보고 사는
우리와 함께 있습니다..
오늘도 잠깐 해를 만나기는 했지만
하늘과 바다를 가를 수는 없듯
둘은 다시 하나가 되어 버렸습니다.
이제는 소리만으로도 비가 내리는 것을
알 수 있습니다.
지나가는 차바퀴에 치인
물첨벙소리를 듣고서도
가는 비가 내릴것을 압니다.
이제는 창문을 열고 담배를 핍니다.
이리 저리 흔들리는 연기가
비가 더 내릴 것을 알려 줍니다.
내일도 이 곳에는 하루 종일
비가 내리며 저는 그 비를 맞으며
바다가 보이는 길을 돌아 다닐 것입니다.
오랫동안 모자를 쓰고선 비를 맞으며

이 또한 이 도시를 사는

제 방법입니다.

　　　　　　　　사는 것만으로도 기뻐하며

그리움 9

너의 가슴은 따스했기에
너의 배를 만지곤 했지.

너의 품에 안기는 것이
맘이 편안해서
내가 안기곤 했지

너를 꼭 끌어 안고 놓아 두질 못했어

그런 사랑.

헌데 너를 안고 자는 것이
널 얼마나 숨 막히게 하는 줄은 몰랐어
너는 얼마나 답답했을까

넌
나의 품에 달아나 버리고

그렇게 사랑하는
시간들이 지나가고

너는날 떠나도
또 그 바람에 파도에 널 보내고 나서도
너의 따스함에
넌 언제나 내 사랑으로 그대로 있지

사랑만을 간직한 내 마음은
또 그 바람에
널 보냈기에
너가 내 곁에 있는 것을 알기에
넌 그냥 사랑이야

보고픈 내 사랑인거야.

바람이 이기는 세상

갈매기는 바람에 날개를 맡기고

파도는 그저 바람만이 지배하는 세상에

파란색도 놓아 버리고

하얀 포말로 부디쳐

사라져 버리는 아픔

바람이 파도와 함께 해도

깨어지지 않는 바위

그 뒤에 숨어서 바람도 피하고

물줄기도 피하고

난 피하는 것이

급급한데

점 처럼 하얀 포말은
바람을 앞세워 내 위를 덮치네.

입 다물고 악!소리도 못내는 세상

수평선

다른 사람들이 나에게
눈이 나쁘다고 합니다.
멀리 있는것이 안보여
못 보는 것 뿐인데

왜 잘못된 것일까요?

저만 못봐서 그러는걸까요?
미래를!

말만 하면 너가 틀리대요.
무엇을 잘못했을까요?
당신과 다르기 때문에
제가 다른길을 가는건가요?

낭떠러지로!

나와 당신들은
가까워 질 수는 없는 건가요?
누가 옳은지를 꼭 정해서
그렇게 만들어야 하나요?

우리에게는 넘을 수 없는 선
건널수도 없는 가느다란 강이 있는 건가요?

영원히 하나가 될 수는 없는 건가요?

그리움 10

무섭습니다.
오늘 내가 한 말과 행동이
생각이 나지를 않습니다.

조심스런 말들을
어제도 오늘도
소중한 사람에게 말을 했을텐데
어디까지 했는지 모릅니다.

아프다고
내 가슴이 아프고
눈물이 난다고
보고 싶다고
다들 사랑한다고
그런 말을 했을 겁니다.

또
오늘은
누군가에 말을 했을까요
깊은 슬픔아 내게 있는데
그대만 알고 있으라고

날 잊지 말라고

그리움 11

이리도
맑고
아름다운 날

따스함
보다는
뜨거운 날이 많아서
모든 것이
타버렸는줄 알았는데

그래도 눈가는 마르지 않네

내사랑 보고파서
가슴은 이리도
젖어 있나 보다

언제나
널 그리워해

널 사랑해

그 녀

베시시 웃는

그 입술에

파란 바다가 보여

여린 웃음에도

눈이 젖는다.

원장님께

저는 정신치료가 아닌
알콜중독자로 만들어 주세요

잠을 못 자는 것은 생각이 길어서
생각이 꼬리에 꼬리를 물어
밤을 새우는 것이 아니고
술에 취하지 않아 못 자는 것 같아요

간절히 청 하건데 저는
신경정신과 치료가 아닌
알콜중독자 치료를 받게 해주세요

이 세상과는 단절을 시켜
가둬두고 내내 고통을 이겨내고
그리 혼자서 환하게 밤을 밝히는
그런 한 사람으로 살게 해주세요

끝낼 수 있는 것은 알콜도
제 목숨도 아니예요
고통은 이겨 내고 죽는 것을 무서워하는
겁많은 저에게는 할 수 있는게 없어요

다만
알콜도 약도 없이 살 수 있는 곳에
가두어 주시고
간절하게 부탁드리는것인데
거저 바람이 먼저 나를 만나고
하늘 아래 살며 바다만 볼 수 있는 곳에
그런 땅에 저를 놓아주세요.

바람이 내리는 곳

찬공기가 내려옵니다.
가벼이 추측하건대
북풍이거나 북서풍입니다.
먼 곳이긴 하나 하늘 아래에서는 같은 곳!
얼어 붙은 찬 바람을 안고선
따뜻한 곳을 향해 찾아온 것이겠지요

우린 옷깃을 여기며 바람만은 등을 지고선 피하며
오늘을 또 보내야 하고
빌어 먹을 곳이 이 땅이기에
눈이 내리고 찬바람이 가슴을 후벼파도
물러설 곳이 없는 이땅이기에
버티고 또 버티고
참고 또 참고
받아내고
그리 꼬박 밤을 세우고선
내일을 맞이 하겠지요.

그리 쉽게 죽지도 않을 것이
우리들이기 때문에
그들의 죄를 용서해 달라고
그들의 죄를 대신받고자 하기에
이 자리를 지키고 있는 것이겠지요.

누구나 알지만
다시금 우리가 이기고 지킬 것이며
다시 일어나 행복해 질 것입니다.

그리움 12

손톱만이 깍인다

모든 정성을 다한
오늘만으로
모래성을 만들어
그를 지키는 것이 아닌

몇 달을 몇 년을 긁어서
바위에 새겨놔야
그래야 내가 알 수 있기에

간절함은 마음속에 있는 것은 아닌
손톱이 패여
맨 살로도 새겨논 말들을
내가 알 수 있기를 바라며 새겨 놓은 것.

그 그리움으로 온 세상을 살았다는 것을
가끔 잊어질까 봐

손톱이 깍여서
손이 딱딱해져
마음마저 굳어질까
무서워서

그리움 13

가슴에 멍이 생기는 것

볼 수 있기만을 바라는데

바람처럼 와서

피하지도 못해

눈으로만 맞이하여

말도 못하는 아픔

바람이 차가와

살을 아려 내고

이내 몸은 얼어 움직이지 못하고

뼛속에 머무르는 그런 것

싸움

그만한 바람에
그만큼 흔들리는 파도에
맡겨 놓은 회색 빛의 하늘

눈을 뜨지도 못하게 했던 하늘은

구름에 갇혀 버리고선
나머지 몇 몇의 구름들도
바람에 맡겨 버린고선
어두움에 속절없이 당할 때

나의 바다는 바람을 안고
큰 파도와 포말로
거칠게 항의한다

끼어들 틈도 없이 꽉 들어 차버린 짙은 구름
자그마한 구름 사이를
빗겨내서 바다를 보고자
애를 썼던 한줄기의 빛으로
눈이 아프게 쏟아 지는 하늘

자그마한 빛은 이내 커지고 넓어지고
이제는 하늘을 보고
파란 바다를 보고
숨을 쉴만한 세상인가 하며
오늘이 지나간다.

구름이 가득한 하루가 지나고
따뜻한 빛이 주위를 밝히고

따스한 바람이
눈가의 물기도 말리는 밤이 되고선

속으론 욕을 실컷 하고선
서로를 갉아 먹으며 싸웠어도

거저 살아가는 삶에 감사를 하며
이제는 쉬어 가야 하는 밤

구름이 걷힌 하늘아래
잠깐은 잊어 버리고
오늘은 자고선 내일을 맞이 하자는
우리네들.

시대 유감

웃어지지도 않아요
참 거짓말 같지요
세상에 아름다운 것 뿐이고
행복한 일들이 많은데
입꼬리가 올라가고
찢어진 눈꼬리가 올라가야 하는데
그래야 웃어지는 것이겠지요.

웃어야 할 일이 많아지면
행복한 일도 많아 질텐데
슬픈 일들이 우리를 감싸고 있네요
겹겹이 싸이는 눈처럼
아픈 일들을 그리 보고만 있어야 하나요

추위가 지나고 따뜻한 바람이 불면
거짓말처럼 슬픈 일들이 날아 갈까요
우릴 아프게 하고
힘들게 하는 일들이
따스한 바람에 날려 가면
우리는 환하게 웃을 수 있을까요.

기다림 8

살아갈 힘도
죽일 수도 없는 힘이 없어
소리만 듣고 있을 뿐.

눕지도 못해서
엎드려서
가느다란 눈물만 흘릴 뿐.

어여
이 밤이 지나가길 바라는
깊은 아픔.

그리움 14

싫어
잠깐이라도 널 생각할 수 없다는 것

자꾸만 지워지는 기억
오랜 기억부터
어제의 이야기도
지워지나 봐

손이 딱딱해진 만큼
마음이 굳어져 가는데
모든 것이 흘러가고
보여지지도 않아

어찌해서
맞이하는 밤. 저녁.

그냥 또 마음에만 품고 자야 하나 봐.

보고 싶은 내 사랑
그 기억만 더듬으며
애써 안고 잠이 드나 봐.

그리움 15

아파서
눈을 뜨는 것 만으로
가슴이 아려서

눈을 감고 앉은
시냇가
잔잔하지만
쉬지도 멈추지도 못하고
흐느끼며 흐르는 냇물

가슴을 쥐어 뜯어도 흐르고
멈추지도 않은
실핏줄같은 사랑은
그 물에 같이 흘러 가네

놔 두고선
시간이
더 지나게 놔 두어도
끊이지 않고 흐르는 그리움

그 사랑

헌혈

피는 소중한 것
가장 소중한 것은
가장 사랑하는 사람에게
아낌없이 줄 수 있어야 하는 것
내가 줄 수 있는 사랑중에
소중한 것을 주는 것을
보내야 하는 마음

꼭 있어야 살 수 있는 것을
그 중에 하나를 나눠줄 수 있어야
사랑하는 사람들을
살릴 수 있는 것.

그 희망

* 80번째 헌혈을 하고 쓴 글입니다.

포옹

한 번 안아 봐
달려가서

날 사랑한 사람인가
의심하지 말고
그냥 꼭 끌어 안고선
가슴으로 이야기를 해

말은 하지도 않아도 돼
포근하게 서로에게 살을 대면
말은 하지 않아도 알거야

심장이 뛰어서
눈물이 눈을 가려서
넌 나를 볼 수 없지만

내 사랑 내가
그리도 그리워했던 사랑을
만났다는 것을 알거야

사랑이라고 말하고
그리움을 이겨내서
다시 만나서
더 살아가야 하는 세월에
서로가 감사해 할거야.

소녀 2

어렵게 피어난 꽃

불꽃으로 다가 오는 너

내 가슴만 태우고

그만 앉아 버린 사랑

미세먼지

꾸역꾸역 살아야 한다.
삶은 힘든 것
누구나 안다

숨만 쉬어도 사라지는 눈들도
모이면 길을 막고
지붕 위에 앉고선 무너뜨린다

힘든 시간이다
어깨를 짓누르는
바람의 무게보다
가벼운 말들이
머리카락 위에 앉고
가슴을 짓누르고
숨을 쉬지 못하게 가로막는
길거리

누런 하늘 아래에 있는 우리
누군가는 땅내음에
밖에 못 나겠다고 우기고
누워 버리고
소식도 끝어 지고

또 어떤 이들은
폐에 가득찬 먼지를
씻어 내자하며 막걸리를 마시고

행복하기 꿈꾸는 사람들은
도심에 차로에서 누어서 또 밤을 새고
차에서 뿜는 매연도
하늘을 짓누르는 노란 먼지도
내질리는 소리로 그 자리에서
멀리 보내고선 산다.

마젠타

다홍
색이 이도 저도 아니라 홍
겨울이 지나면 서로들 앞서서
먼저 피는 매화나무 꽃 잎이 홍

봄이 찾아 오면 물드는
내 얼굴의 볼도 홍

이저 저도 아닌 벚꽃
붉은 빛은 작아서 가엽고
노랑색이 많아서 힘든 꽃

그저 먼저 꽃을 내보지만
봄바람이 가득차서
먼저 꽃 잎을 내려 놓고
지는 벚꽃도 홍

이 시절에 나만 늦을까해서
이파리는 뒤로 하고선
꽃부터 들이대는 복사나무의 꽃도 홍

다퉈서들 먼저 자리를 차지해야
내 이름이 불려져서
아름다움을 차지하기에
먼저 이 땅을 밝히려 하는가

마젠타(Magenta)로 피어
적(Red)으로 변하면 영원토록 살 터인데
머무르는 것이 무서운 것인가

비가 내리면
발을 비끼며 피해야 하는
작은 웅덩이에 내려 앉아 버리는 것이
그리도 무섭고 아쉬운 것인가

잠깐 내리 앉아 있으면
따스한 봄바람에 여름이 오면
땅이 말라 버려
바람에 날아 갈 것을 알고서도
길고 긴 세월을 기다리는
그런 사랑이 분홍인가

매화꽃, 복사꽃 피고
벗꽃이 찾아 오고
그리 이쁜 사랑만 꿈꾸는가
오늘도
내일도
끝나지 않은 겨울 바람과
봄바람과 싸움에서

색의 4원색이 한자어로 청,적,황,먹(CMYK)인데
색에서는 적은 정확하게 빨강색이 아니라
영어로 마젠타 말고는 달리 표현을 못해서
나름의 해석으로 마젠타로 제목을 붙여 봅니다.

빛은 RPG로 나누어집니다.
그것을 중세 때부터 중요하게 생각하여
그림을 그렸던 분들께 무한한 존경을 표합니다.

하루

세상사는 재미
하루를 지나는 재미
같은 날을 살아도
또 하루를 더 살아서
고마운 나날들

비바람
눈바람
춥기만 하루를 지냈지만
그래도
집으로 돌아와서 맞이하는 밤

감사하며
편안하게 행복하게
깊은 생각에
잠을 청하는 밤

기다림 9

가느다란 비에

잠깐 만들어 지는

시냇물

내 마음을 내려놔 두고선

기다려 보는 눈

곁에 둔 세월은 지나고

그 자리가 말라도

이번에 내리는 비에

내 님이 함께 올까 해서

다시 만들어진 시냇가에

깊게 내려 놓은

내 숨결

침
아픈 곳만
찾아 다니며
찌르는 꽃.

꽃
바닷가 찬바람에도
제 자리를 찾아
낮은 자세로
햇빛아래 자리를 찾이하는 힘
바람 아래로 날 수있는
꽃 잎보다 가벼운 날개로
앉은 나비.

나비
세찬 바람에도
이제는 어깨가 굳어진
살아있는 새

새
날개가 길어서
거친 바다 바람에
수평선으로 날아도
살 수 있는 삶.

삶
살아 있는 것
행복하게 사는 것.

*작가 미상의 글에서 영감을 얻었습니다.

그리움 16

손톱만으로는 긁어 대서
이길 수 없는 힘

두고두고 힘내도
갈라지는 않는 아픔

힘을 내서
돌아서도 이길 수 없는 아픔

내내
두고선 이겨 내려는 힘

오랜
그리움

서른이 넘어

서른 즈음에 떠나기로
일찍이 마음먹었다.

어찌 못했을까.

스무살을 못넘어
비를 눈동자로 맞으며
술과
담배의 맛을 알아 버렸다.

늦었다.

세상은 나를 두고
편하게 살지 못하게 했다.

그 세월들에
나를 맡기고
나만을 두고선
나도 떠나 버렸다.

뚝
뚝

흘러간 시간들
이제는 기름진 음식과
음악이 술과 함께
늘 나와 함께 있다.

죽어 버리자고 했던
서른살의 시절은 지나고
편하게 숨을 쉴 수도 없는 시절에
거저 오래
살아 가기를 바라며
늙지도 못하는 날을 산다.

나만

시대유감 2

누군가는 잠을 못자고
세상을 지켜야 한다면
그들의 이름은
아이들 일거야.

이제는 시간이 흘러
주인이 달라지니
자랑스럽게 생각하고
이들을 지켜주며 살어

무엇인가에 멀리 있거나
다가서는 것들을 피해가면서
발을 심고 움직이지도 못했던
그런 시절을 지냈던 우리잖아

사는것이
무서운것도
두려운것도 그 무엇인지도
알지도못하고
묻지도 못하는
나. 너. 우리들 이었잖아.

그저 시간이 지나가면
주인이 바꾸어지겠지 하며

그런 날들의 어려움을 지키며
살아남아 있기만 해

밤

쉬지도 못하고 계속되는
밤의 연속이야

낮을 지키는 이들이
세상을 지키는 별이 됐거든

사랑 3

사랑한다고 말해

마음을 다해

기다려 왔다고

그리하고선

아무에게도

내 마음을

열어주지 말고 살아가면 돼.

꽃

피는 꽃
울면서 피는 꽃
바위에 끝에서 살아야 하는 꽃

바다에는 피지 못하고
바다만 지켜보며
살아가는 꽃

사랑하는 이를
기다리며
시들었다 다시 살고
또 시들고 다시 사는 꽃

죽지도 않는 영원한 꿈.

* 글에서 꽃은 그리그의 페르귄트 모음곡,
  솔베이지의 노래에서 가져 온 것입니다.

체력

경사각은 +3~6%
분당 심박수 130이하
시속 6Km이상
한시간 동안 앞만 보고 속보로 이동

땀이 난다.
잠깐 소매로 땀을 씻겨 내고
물을 한 모금하며

이제는 조금 쉰다.

긴 호흡을 한 번 하고선
숨을 고른 후
다시 운동은 계속 된다

이제는 뛰어 가자!
심장은 멀쩡하고
뇌로 호흡하는 산소는 원활하다.
그런데 문득

이리 맑고 바람 많은 날에
초미세먼지가 나쁨이란
글이 스쳐 간다
이리 지킨다고
이길 수 있는 것이 세월일까.

아내는 이야기한다
건강하게 오래 살라고

고맙다!
아내이자 친구인 내 사랑!!

우리들의 세상

바다가 보이면
멈춰

바위가 보이거든
앉아

날개를 가진 것들이
주인인 이 세상

바다도 바위에 앉아서
바람이 불어 오는 곳에
우리만 두고
모르는 척 돌아 서잖아

그럼 우리도 바위에 앉아서
바다를 볼 수만 있는
세상에 살아 가면 돼

날개가 있는 것들이
잘 사는 그들만의 작은 하늘
그들은 그 세상에 두고
우린 더 큰 사랑안에 살아가면 돼.

그러면 나는 너를
너는 나를 사랑을 하며 그렇게
사랑만 하면서 살자.

더 거센 바람과 파도가 몰아쳐도
함께여서 행복하게 살 수 있는 세상

우리도 우리만의
날개를 가지게 되는 날이

그리 오래 걸리지 않아

기다리고 노력하며 참으면 이겨.
금방 오는 세월에
따스한 바람에
우리의 소원도 같이 올거야.

바다에 두고 온 것

살다가

살다가 보면

가슴이 쿵

내려 앉는 날이 온다.

바다에 빠져 버린 마음

온통 푸름속에 담겨 놓고

나오지 않고 싶을 때가 있다.

쉬는 거다.

지친 하루를 살다가

오랫만에 만난

가슴이 시린 사랑이 지나갈 때

눈길을 뺏기고

가슴에 내려 놓는다.

바다에 마음을 두고

그대를 그리워 하며

그리 사는 거다.

날개 3

뭐가 이래

이리도 파란 하늘

파아란 바다에

그냥 숨만 쉬면서 살게 했잖아.

추운 날이 지나고

두터운 옷도 벗어 버려 가벼운데

그리 원하던 날이

이렇게 왔는데

나도 날 수 있게 해줘.

이번 생에만

한 번만 뜨거운 봄에

실컷

날아 다니며 살게 해 줘.

기다림 11

기다려 본 사람은 알아

보내고 기다리며

아파서 눈물을

펑펑 쏟아내고

가느다란 냇물을 만들며

살아가야 해. 모질다는 말은 하지 마

넌 너의 세상에

나는 널 기다림에 익숙해 지면서

살아가는 세월에 감사해

이리도 가슴이 시리고

아리고

아파도 그래도 살아서

너만 기다리는 것이 사랑이잖아.

너만 기다리는 것이

나만을 살게 하는

하나의 길이니까.

사랑하니까

그러지 마
사랑이란게 그리
피고 지고
다시 피는 봄나물 같은
그런 것은 아닐거야.

내가 널 만나
가슴이 시큰해
눈을 감고 잘 수가 없어

보고 싶은데
눈을 감으면
너의 얼굴이 그려지지 않아.

그래
어디든 가지마
같은 하늘아래
같은 바람안에서 너만
볼 수 있게 해 줘

내 마음을 다 보여 달라고 말하지 마
알려고 하지도 말고
그냥 난
널
사랑하니까.

사랑 5

담벼락이 없어.
꽃으로 골을 만들어야 해
누가와도
건널 수 없도록

줄 것이 많은 사랑곁으로
찾아오는 사랑들
이야기.

나눠 줄 수 있는 것을
주기만 하는 넓은 마음.
그래도 줄 것만 있는 사랑
모든 것을 다 주고도
또 피는 사랑

내가 지킬께
따스한 기운에 같이
커져가는 아픔은
내가 보듬고 갈께
나는 너의
사랑안에서
숨만 쉬며 살 께.

기다림 12

그렇게 하기로 했습니다.

먼 산

높은 곳에서 앉아 있을 순 없습니다.

그래서 동그란 바위아래 숨어서

지켜보기로 했습니다.

언제 올지 모르는

눈부신 하늘을

기다림 17

죽이지도 못하는 삶

숨을 멈추지 못해서

그리 길게 사는 밤.

온 가슴이 요동치며

이겨내는 날들.

내일만 기다리며

감사하는 밤.

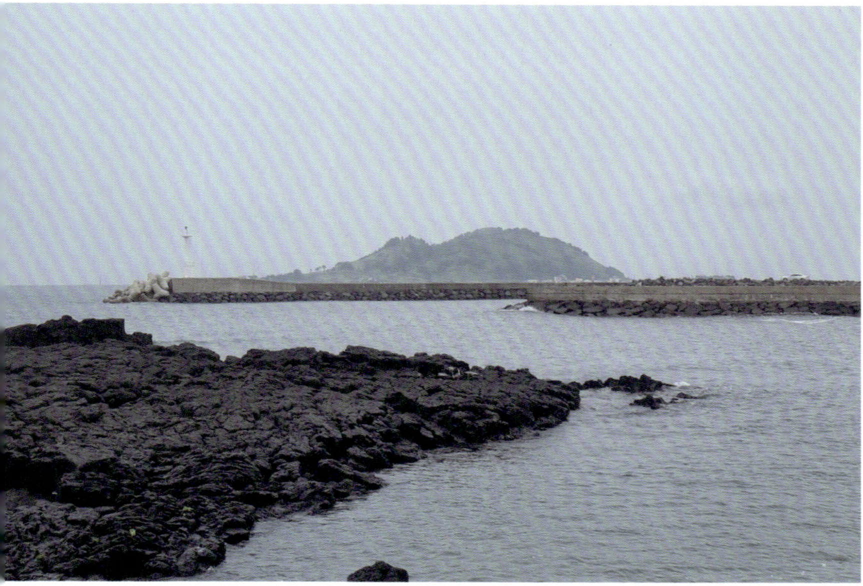

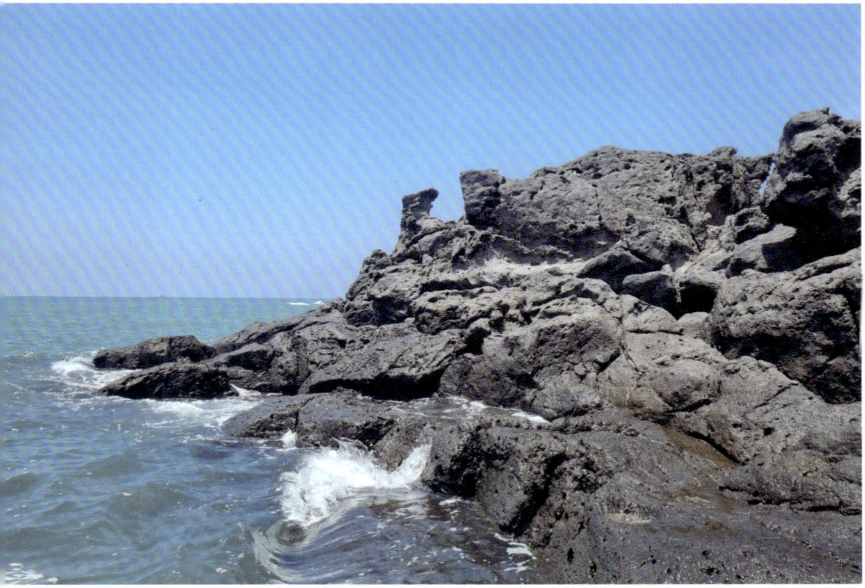

기다림 15

떠나가야 할 때

보이지 않아서

다른 곳을 찾아 나서는 것이 아닌

늘 아른거려서

늘 곁에 있을수 있지만

다가설 수 없어서

그리 그리워만 하다가

그대가 거기에만 있기에

그 아픔이 너에게

가지 않기를 바라는

간절한 기도, 소망

내가 떠나면 보이지 않아서

그대가 맘껏 날아갈 수 있기를 바라는

간절한 바램

기도

사랑하려거든
제가 먼저 사랑하게 하옵소서

눈이 바람에도
흔들리지 않는 날에
제가 먼저 달려가 안을 수 있는
그 날을 제게만 주옵소서

찌를 수 있지만
기다리게 해 주시고
빨간 눈물만 흐르게 그리 두옵소서

귀한 물보다
흔하디 흔한 버얼건 피는
물을 마시면 금방 살아 오는 것.

그리 빨간 눈물을 흘리며
그리워만 하다가
지나가는 세월에
제게만
멈춰버리는 시간을 주옵소서.

삶 2

긴 호흡

거친 숨바람

눈물이 앞을 가리고

보이지도 않게

빠르게 지나 가는 시간들.

아프기만 해서

가는 시간들도

모르는 것.

살아있어 감사하는

오늘과

다음의 시간.

그리움 17

떠나가야 할 때
보이지 않아서
다른 곳을 찾아 나서는 것이 아닌
늘 아른거려서
늘 곁에 있어서
다가설 수 없어서
그리 그리워만 하다가
그대가 거기에만 있기에

그 아픔이 너에게
가지 않기를 바라는
간절한 기도, 소망

내가 떠나면 보이지 않아서
그대가 맘껏 날아 갈 수 있기를
간절하게 바라는 마음.

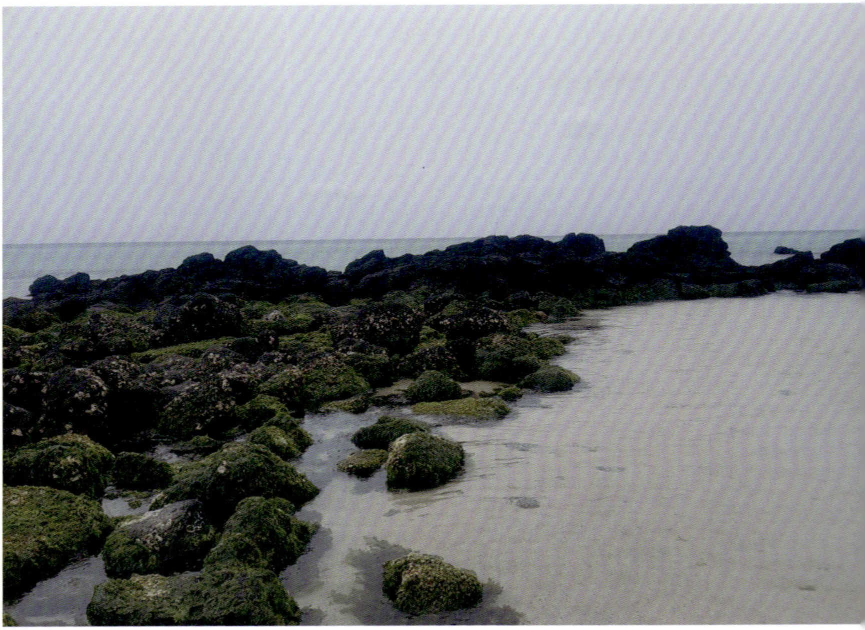

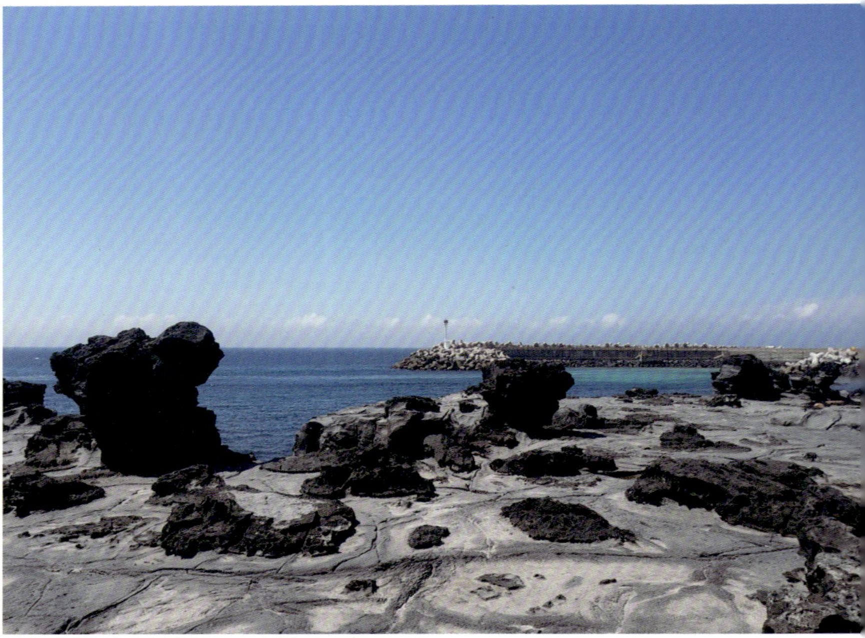

서해안,남해안, 동해안을 3년에 나눠서 약 30일을 걸어서 다닌 길들입니다.

감사합니다.

제주에서 몇 번의 사계절을 맞이하고 보냈습니다. 이곳의 하늘과 바다, 깊은 숲길을 따라 걸으며 만나는 풍경이 눈이 시리도록 아름다웠습니다. 그 속에서 떠오르는 감상을 한 자 한 자 쓰다 보니 몇 편의 시가 되었습니다.

저에게는 자연이 큰 스승이자 벗입니다. 그리움은 밀려오는 푸른 바다처럼 일렁이고 기다림은 눈 덮인 동백꽃처럼 붉었습니다. 묵묵히 이야기를 들어주고 조용히 품어주는 자연을 보며 저는 오늘도 배웁니다.

시를 쓰기 시작한 후 생각보다 많은 분들이 저의 시에 공감해 주시고 좋은 이야기로 소통해 주셨습니다. 덕분에 글을 통해 공감하고 나누는 큰 기쁨을 느끼게 되었습니다.

저는 누구에게나 쉽게 읽히고 제가 느낀 감동을 같이 나눌 수 있는 그런 시를 쓰고 싶습니다. 맑은 물에 한 방울 떨어진 푸른 물감이 번지듯 저의 마음이 저의 시를 읽으시는 분들께도 전해지기를 소망합니다.

아름다운 오월에 저의 글이 세상에 나와 제 글을 읽으시는 모든 분들의 시가 되었습니다. 두렵고도 설레는 마음입니다.

책을 읽고, 쓰고, 출간하며 한 권의 시집이 나오기까지 정성을 기울여 주신 많은 분들께 다시 한 번 고개 숙여 감사드립니다.

필명이 부아c인 작가님 글이 저의 생각과 일치하여 덧붙여 봅니다.
내가 가장 좋아하는 삶은

"삶이 글이 되고, 글이 삶이 되는 것이다"

내가 살아가면서 생각하고 경험하고 느끼는 모든 것이 나만의 책을 만든다.
그리고 내가 쓰는 글처럼 나는 살아간다.
모든 글은 가치가 있다는 것,
누군가에게는 당신의 쓴 글이 도움이 되리라는 사실을
잊지 말아야 한다.

오월의 함성이 들리는 2025년 5월 1일
제주의 바닷가에서 강권일 올림

우리는
행복해야
합니다

제주의 사진과 시

© 2025, 강권일

발 행 일	2025년 5월 15일
펴 낸 곳	한송이출판사
지 은 이	강권일
발 행 인	한송이
디 자 인	김보미
등록일자	제 2024-000112 호
문　　의	riverki@nate.com / chaekyeojung@naver.com

Printed in Seoul, Korea.
ISBN　　979-11-988946-0-1 (13800)

이 책의 판권은 한송이 출판사에 있습니다.
이 책의 저작권은 강권일 작가에게 있습니다.
책 내용의 전부 또는 일부를 이용하려면 출판사의 동의를 받아야 합니다.